LOS ÁRBOLES

AUTORES Susanna Arànega / Joan Portell
EDICIÓN Y CONCEPCIÓN GRÁFICA Gemma Roset

1 LOS ÁRBOLES. SU FORMA

LOS ÁRBOLES LIMPIAN EL AIRE QUE RESPIRAMOS, LO RENUEVAN Y HACEN QUE SEA MÁS SANO.

OLIVO ENCINA

LOS ÁRBOLES TIENEN DIFERENTES FORMAS.
UNOS SON MUY ALTOS Y ALARGADOS,
OTROS MÁS BAJITOS Y REDONDEADOS.

CHOPO

ROBLE

CIPRÉS

2 LAS PARTES DEL

EL ÁRBOL SE SUJETA AL SUELO
POR SUS RAÍCES.
A MENUDO ESTÁN ENTERRADAS
POR ESO NO LAS VEMOS.

ÁRBOL. LAS RAÍCES

COPA

TRONCO

RAÍCES

3 EL TRONCO

EL TRONCO AGUANTA LA COPA DEL ÁRBOL.

EL TRONCO DEL ÁRBOL ESTÁ CUBIERTO POR LA CORTEZA, QUE PUEDE SER LISA O RUGOSA.

CORTEZA RUGOSA

CORTEZA LISA

4 LA COPA: LAS HOJAS

LAS RAMAS Y LAS HOJAS DEL ÁRBOL FORMAN LA COPA.

ANVERSO
DE LA HOJA

REVERSO
DE LA HOJA

LAS HOJAS SON DE DIFERENTES FORMAS Y MEDIDAS.

FORMA DE CORAZÓN

FORMA RECORTADA

FORMA DE LANZA

FORMA DE HUEVO

FORMA DE AGUJA

5 LAS HOJAS DURANTE

ALGUNOS ÁRBOLES, AL LLEGAR EL FRÍO, PIERDEN TODAS LAS HOJAS. VUELVEN A CRECERLES CON EL BUEN TIEMPO.

EN VERANO Y PRIMAVERA ESTÁN LLENOS DE HOJAS.

EN OTOÑO EMPIEZAN A PERDER HOJAS.

EL AÑO

OTROS ÁRBOLES NO SE QUEDAN NUNCA SIN HOJAS: PIERDEN UNAS MIENTRAS LES SALEN OTRAS.

EN INVIERNO YA NO LES QUEDAN HOJAS.

LA ENCINA CAMBIA LAS HOJAS CONTINUAMENTE.

6 CRECIMIENTO Y ALIMENTO

LOS ÁRBOLES CRECEN DE UNA SEMILLA.

EN EL TRONCO DE LOS ÁRBOLES SE VE UNA ESPECIE DE ANILLOS.

CADA ANILLO ES UN AÑO DE VIDA.

LOS ÁRBOLES TOMAN EL ALIMENTO Y AGUA PARA VIVIR MEDIANTE LAS RAÍCES Y LAS HOJAS.

7 LOS FRUTOS TIERNOS

LOS ÁRBOLES DAN FRUTOS.
ALGUNOS DE ELLOS PUEDEN COMERSE.

LIMONERO – LIMÓN

PERAL – PERA

HAY FRUTOS TIERNOS Y JUGOSOS.

MANZANO – MANZANA

CEREZO – CEREZA

8 LOS FRUTOS SECOS

LOS FRUTOS DE ALGUNOS ÁRBOLES SON SECOS Y ACEITOSOS. UNOS TIENEN CÁSCARA Y OTROS NO.

AVELLANO – AVELLANA

CASTAÑO – CASTAÑA

ENCINA – BELLOTA

PALMERA – DÁTIL

9 BOSQUE Y SOTOBOSQUE

UN BOSQUE ES UN CONJUNTO DE ÁRBOLES Y PLANTAS. MUCHOS ANIMALES VIVEN OCULTOS EN EL BOSQUE.

LECHUZA

MARIPOSA

NIDO

FRESA

LAGARTIJA

PÁJARO

ARDILLA

RANA

MORA

CONEJO

SETA

10 COSAS QUE VIENEN

DE ALGUNOS ÁRBOLES SE PUEDEN APROVECHAR LOS FRUTOS, LAS HOJAS, EL TRONCO Y HASTA LA CORTEZA.

CON ALGUNAS HOJAS HACEMOS INFUSIONES.

ALGUNOS FRUTOS NOS LOS COMEMOS.

DE LOS ÁRBOLES

CON LA CORTEZA HACEMOS CORCHO.

CON EL TRONCO HACEMOS PAPEL, MADERA PARA MUEBLES Y MÁS.

TENEMOS QUE PROTEGER LOS BOSQUES PORQUE LIMPIAN